T 7
1587

MINISTÈRE DU COMMERCE, DE L'INDUSTRIE
DES POSTES ET DES TÉLÉGRAPHES

EXPOSITION UNIVERSELLE INTERNATIONALE DE 1900

DIRECTION GÉNÉRALE DE L'EXPLOITATION

CONGRÈS INTERNATIONAL D'HOMOEOPATHIE

TENU À PARIS

DU 18 AU 21 JUILLET 1900

PROCÈS-VERBAUX SOMMAIRES

PAR

M. LE DR L. SIMON

SECRÉTAIRE GÉNÉRAL

PARIS

IMPRIMERIE NATIONALE

M CMI

MINISTÈRE DU COMMERCE, DE L'INDUSTRIE
DES POSTES ET DES TÉLÉGRAPHES

EXPOSITION UNIVERSELLE INTERNATIONALE DE 1900

DIRECTION GÉNÉRALE DE L'EXPLOITATION

CONGRÈS INTERNATIONAL D'HOMOEOPATHIE

TENU À PARIS

DU 18 AU 21 JUILLET 1900

PROCÈS-VERBAUX SOMMAIRES

PAR

M. LE DR L. SIMON

SECRÉTAIRE GÉNÉRAL

PARIS

IMPRIMERIE NATIONALE

M CMI

CONGRÈS INTERNATIONAL D'HOMOEOPATHIE
TENU À PARIS DU 18 AU 21 JUILLET 1900.

COMMISSION D'ORGANISATION.

BUREAU.

PRÉSIDENT.

M. le D' Jousset (Pierre).

SECRÉTAIRE.

M. le D' Simon (Léon).

MEMBRES.

MM. le D' Chancerel (Victor).
    le D' Gonnard.
    le D' Hughes (Richard).

MM. le D' Jousset (Marc).
    Love (J.).
    Tessier (J.-P.).

BUREAU DU CONGRÈS.

PRÉSIDENTS D'HONNEUR.

MM. le D' Bonino (Giuseppe), de Turin (Italie).
    le D' Dudgeon, de Londres (Angleterre).
    le D' Mc Clelland, de Pittsburg (États-Unis).

PRÉSIDENT.

M. le D' Jousset (Pierre), de Paris.

VICE-PRÉSIDENTS.

MM. le Dr Chancerel (Victor); de Paris.
le Dr Daniel, de Marseille.
le Dr de Brasol, de Saint-Pétersbourg (Russie).

SECRÉTAIRE PERPÉTUEL.

M. le Dr Hughes (Richard), de Brighton (Angleterre).

SECRÉTAIRE GÉNÉRAL.

M. le Dr Simon (Léon), de Paris.

SECRÉTAIRES ADJOINTS.

MM. le Dr Cartier.
le Dr Love.
le Dr Nimier.

MM. le Dr Parenteau.
le Dr Serrand, de Paris.

TRÉSORIER.

M. Ecalle, pharmacien, de Paris.

DÉLÉGUÉS OFFICIELS.

États-Unis.

M. le Dr Roberts (Thomas E.), de Chicago.

République de l'Équateur.

MM. le Dr Coronel (Julian); le Dr Cucalon (Ricardo); le Dr Rivera (Rafaël Rodriguez); le Dr Vivanco (Luis); le Dr Zambrano (Rafaël Rodriguez).

Roumanie.

M. le Dr Tonesco (Thomas), professeur de clinique chirurgicale à la Faculté de Bucarest.

PROCÈS-VERBAUX SOMMAIRES.

MERCREDI 18 JUILLET 1900.
SÉANCE DU MATIN.

Présidence de M. le D' JOUSSET, *président*, assisté du professeur GARIEL, délégué principal pour les Congrès de l'Exposition.

La séance est ouverte à 10 heures.

M. le Président prie les membres du Congrès de vouloir bien procéder à l'élection des présidents d'honneur. Sur son invitation, le Secrétaire général donne les noms des confrères étrangers présents à la séance et l'on procède au vote.

Ensuite, le bureau du Congrès étant définitivement constitué, M. le Président prononce le discours d'ouverture, dans lequel il développe la thèse suivante : *Nous sommes la thérapeutique*.

« Nous méritons cette qualification, parce qu'au lieu d'une thérapeutique banale, changeante, contradictoire, fantaisiste, nous avons une thérapeutique une, invariable, la même, quels que soient les temps et les pays, qui repose sur un principe exempt d'hypothèses et sur une méthode absolument expérimentale.

« Mais l'unité de doctrine n'exclut pas l'idée de progrès, de perfectionnement et par conséquent de discussion; nous aurons donc à discuter sur les doctrines, sur la matière médicale et sur la clinique.

« *Sur les doctrines*, nous aurons à préciser et à perfectionner les définitions, à rechercher les origines de la loi de similitude et à déterminer le sillon qu'elle a tracé dans la tradition médicale.

« La *matière médicale* présente encore bien des lacunes et même un grand nombre d'erreurs. Il nous faut donc travailler à combler les unes, à redresser les autres.

« La *clinique*, qui sert à fixer notre choix sur le médicament et sur la dose, est un champ largement exploré mais qui nous réserve encore de multiples découvertes.

« L'école de Pasteur, à côté de découvertes thérapeutiques précieuses, nous a légué une erreur colossale. Cette erreur est celle qui consiste à enseigner que le microbe pathogène est la cause réelle d'une maladie déterminée, en sorte que la pathologie est bouleversée. Les maladies de causes externes n'existent plus. Toutes les maladies sont de causes internes, traumatismes, poisons végétaux ou minéraux, toxines microbiennes.

« Cette erreur pathologique engendre directement et invinciblement une erreur thérapeutique dont la conséquence immédiate est le triomphe de l'allopathie et la ruine de l'homœopathie.

« Si, en effet, toutes les maladies sont de causes externes, si la cause externe a une existence réelle, la thérapeutique positive consistera, en médecine comme en chirurgie, à s'attaquer à la cause pour la détruire ou l'éliminer. *Sublata causa tollitur effectus.*

« Nous n'avons point été seuls à combattre cette interprétation erronée, donnée aux faits par les premiers bactériologistes. Qui ne sait aujourd'hui que la même maladie, la pneumonie, par exemple, peut être produite non seulement par le pneumocoque, mais encore par le streptocoque, par le bacille d'Eberth, et par le colibacille ?

« Qui ne sait qu'il y a des bacilles propres à tout, comme l'a dit un bactériologiste, le *bacillum coli*, par exemple, instrument ordinaire des inflammations des voies urinaires, de l'appendicite, de la pneumonie, de la méningite, du choléra nostras, et qui, la plupart du temps, n'est qu'un simple saprophyte ?

« Le roman du bacille pathogène, engendrant une maladie comme une graine engendre un végétal, est donc bien fini aujourd'hui, et si la foule, *turba*, suit les anciens errements de M. Brouardel, laissons la foule se ruer dans l'erreur et enseignons avec tous les grands médecins de notre époque que le microbe n'est qu'un instrument aux mains de l'organisme pour la reproduction des maladies.

« Cependant la sérumthérapie due à Pasteur et à ses élèves est un grand progrès thérapeutique, et ce progrès est nôtre, non seulement parce que depuis bien des années, sous le nom d'*isopathie*, plusieurs médecins distingués ont appliqué au traitement du charbon et de la peste le principe de la sérumthérapie, mais encore parce que cette thérapeutique repose sur la loi de similitude et l'infinitésimalité des doses.

« Traiter la rage par les moelles rabiques atténuées et la diphtérie par la toxique diphtérique diluée dans le sang du cheval, c'est appliquer la loi de similitude, et quant aux doses, j'attends que M. Roux nous dise de combien de zéros il faudra faire précéder l'unité pour exprimer la dose de toxine employée.

« Et l'*opothérapie*, cette thérapeutique qu'on ne peut rattacher ni à la loi des semblables, ni à celle des contraires, doit pourtant avoir sa place, puisqu'elle guérit.

« Nous ne devons exclure aucun instrument de guérison dont l'efficacité a été démontrée par la méthode expérimentale, qui est le seul maître que nous devions reconnaître. »

M. LE SECRÉTAIRE GÉNÉRAL demande ensuite la parole pour remercier M. le professeur Gariel, auprès duquel la commission d'organisation a toujours trouvé l'accueil le plus empressé et le plus confraternel. Quoique les congrès destinés à se réunir pendant la durée de l'Exposition soient fort nombreux, ils ont été l'objet d'un travail de sélection. Pour la première fois, deux homœopathes ont été appelés à faire partie de la commission d'admission de ceux qui se rattachent aux sciences médicales. Naturellement le nôtre n'a pas été admis sans objections, mais M. le professeur Gariel nous a soutenus et finalement le vote a été en notre faveur. Si notre assemblée s'ouvre sous d'heureux auspices, c'est à lui que nous le devons.

Les remerciements sont votés par acclamation.

M. le professeur Gariel répond qu'en effet quelques voix se sont opposées à ce qu'il y eût un Congrès spécial d'homœopathie. Mais il a pensé que, sans avoir à s'occuper de la question de doctrine, il n'y avait à s'inquiéter que d'une question de fait : il y a eu, lors des autres expositions universelles, un Congrès d'homœopathie. Il doit donc y avoir également en 1900 un Congrès d'homœopathie. Ce droit a été reconnu, et c'était justice.

Après avoir prononcé ces paroles, M. le professeur Gariel prend congé du Congrès.

Le docteur Fagiani, dans une touchante allocution, déclare que nos confrères italiens sont venus animés de deux sentiments : la fraternité à l'égard de leurs confrères français et la reconnaissance envers Hahnemann, dont on va bientôt inaugurer le tombeau. Puis il ajoute :

« Il est bien sûr qu'au moment où nous irons inaugurer le monument du grand père de l'homœopathie, les fleurs de notre pensée et de notre reconnaissance tomberont sur la mémoire de Mlle Thérèse Simon (décédée au Bazar de la Charité, le 4 mai 1897). Au père, notre très honoré collègue et secrétaire du Congrès, les souhaits les plus affectueux. Que les joies intimes de la famille qui lui reste et les satisfactions professionnelles apportent une compensation à sa grande douleur de père! »

Le docteur Léon Simon, profondément ému, remercie le docteur Fagiani et tous ses confrères.

LA DOCTRINE EN THÉRAPEUTIQUE.

Avant l'ouverture de la discussion le docteur Jousset expose le résumé de son travail :

« Une doctrine est un ensemble de connaissances engendrées, gouvernées et hiérarchisées par un principe général. Le principe général sur lequel repose la doctrine que nous défendons peut être formulé ainsi : *c'est l'organisme qui fait sa maladie*; *c'est l'organisme qui guérit sa maladie*. Ce principe est contesté par tous les médecins qui, depuis Galien jusqu'à nos jours, soutiennent que toutes les maladies sont de *cause externe*. Or l'immunité et les formes d'une même maladie prouvent que l'organisme ne peut être atteint sans une *prédisposition définie*. De nombreux faits cliniques, comme la phagocytose, prouvent que l'organisme lutte toujours contre la maladie et suffit souvent à la guérison des maladies les plus graves.

« Des deux lois d'indication restées dans la tradition médicale, la loi des semblables est la seule applicable au traitement des maladies internes; la loi des contraires s'applique légitimement à la chirurgie et à la thérapeutique palliative. La doctrine thérapeutique constitue donc un tout complet qui se tient et se suit logiquement depuis ses principes généraux jusqu'à ses plus petites applications; elle a pour lois d'indication des règles positives et pour instrument une matière médicale expérimentale. Nous pouvons donc nous appliquer cette phrase d'un grand médecin : *la perfection en thérapeutique est de savoir ce qu'on fait et pourquoi on le fait.*

Le docteur BRASOL, rappelant que le docteur Jousset a cité la sérothérapie comme un exemple de traitement homœopathique, fait une objection. La sérothérapie est le traitement de l'homme malade par l'inoculation du sérum d'un animal artificiellement immunisé; l'homœopathie est le traitement de l'homme malade par un médicament qui produit chez l'homme sain une maladie semblable à celle qui doit guérir. Le traitement de la diphtérie par le sérum de Roux n'est pas homœopathique, car ce sérum ne contient pas de toxines. Son principe actif est une antitoxine qui ne produit pas la diphtérie chez l'homme sain et qui, au contraire, empêche l'éclosion de la diphtérie.

Le docteur JOUSSET répond que l'antitoxine provient toujours de la toxine et de plus que, si elle n'est pas capable de reproduire la maladie, elle détermine cependant une aggravation qui conduit à la mort quand elle est employée dans le cas de diphtérie trop avancée (expériences sur les animaux).

Mais le traitement préventif et curatif des maladies par les microbes et leurs toxines ne repose pas seulement sur l'emploi d'un sérum d'un animal immunisé. Longtemps on a employé le bacille lui-même, atténué par différents procédés, pour conférer l'immunité pour le tétanos; et pour le traitement de la rage on n'emploie encore aujourd'hui que l'inoculation de moelle rabique atténuée.

On ne peut donc nier que, quand on se sert du microbe lui-même pour immuniser ou guérir, on fait de l'isopathie, c'est-à-dire une variété de l'homœopathie.

PHYSIOLOGISME ET SPÉCIFICISME.

Dans un mémoire ainsi intitulé le Dr KRÜGER définit le physiologisme de cette façon : une doctrine qui pose en principe que la maladie n'est qu'un trouble d'équilibration par excès ou par défaut dans les énergies morales. Il ne dit nulle part bien nettement ce qu'il entend par spécificisme; cependant il semble entendre par là le principe de l'individualisation absolue en thérapeutique. Peu partisan de la doctrine de Pasteur et de l'éclectisme, il termine par cet appel : « Ressaisissez-vous, rappelez-vous la loi de votre maître, revenez à la matière médicale délaissée, aux travaux de l'école hahnemannienne. Soyez *vous* et non quelque autre, par la manipulation et le brassage rigoureux et intransigeant de nos éléments propres ! »

Le docteur LOVE proteste contre le mot *intransigeant* employé par le docteur Krüger parce que dans la nature rien n'est intransigeant et tout ce qui, en médecine comme en religion, comme en politique, est intransigeant, est erroné.

Le docteur Léon SIMON fait remarquer qu'on peut très bien faire progresser la science sans transiger sur les principes d'Hahnemann. Dans l'homœopathie, comme dans toute science, il faut distinguer deux ordres de notions : les notions générales, absolues, nécessaires, et les notions contingentes. Les premières, qui consistent dans les principes et les lois, et sur lesquelles repose tout l'édifice, sont immuables et éternelles; les secondes peuvent varier suivant les circonstances, mais elles doivent, sous peine de nullité, être d'accord avec les principes immuables. Sinon l'on est condamné à un perpétuel recommencement et il n'y a plus de science possible.

Le docteur M. Jousset appuie le docteur Love; tout en se considérant comme un disciple d'Hahnemann et en employant, dans le plus grand nombre des cas, les médicaments indiqués suivant les principes et les lois homœopathiques, il croit que nous devons nous tenir au courant de toutes les découvertes thérapeutiques.

Le docteur Tessier propose au Congrès de voter sur la question d'*intransigeance*, étant donnés les immenses progrès accomplis par la médecine générale et l'état actuel de la science.

Après une discussion à laquelle ont pris part les docteurs P. Jousset, Léon Simon et Love, le Congrès rejette la proposition, ne voulant pas lier par un vote l'opinion des confrères absents.

EMPLOI DES MÉDICAMENTS ALTERNÉS.

Le docteur Sarodaprosad Ray a présenté au Congrès des travaux sur la *thérapeutique homœopathique, la posologie et l'alternation*.

Sur la question de l'alternation le docteur Olive y Gros prend la parole et déclare que, lorsqu'on ne peut remplir aussi complètement qu'on voudrait les indications avec un seul remède, il ne faut se faire aucun scrupule d'en donner plusieurs. On devra seulement éviter d'alterner deux médicaments antagonistes.

Le docteur Léon Simon connaît des faits dans lesquels deux médicaments alternés ont amené la guérison après avoir échoué tant qu'on les donnait isolément. L'alternation a donc du bon, mais, pour savoir exactement dans quels cas on doit lui donner la préférence, il faudrait expérimenter sur l'homme sain des médicaments alternés.

Le docteur van den Heuvel recommande l'alternation lorsqu'on a deux éléments à combattre simultanément. Ainsi, dans la fièvre, on alternera *Aconit*, qui agit sur le sang et *Sulfur* qui agit sur les cellules nerveuses; dans la méningite *Aconit* et *Belladonna*. Mais dans la prosopalgie on n'emploiera qu'un seul remède parce que l'élément nerveux seul est atteint.

MERCREDI 18 JUILLET 1900.

SÉANCE DE L'APRÈS-MIDI.

Présidence du Dr P. JOUSSET.

La séance est ouverte à 4 heures.

Le secrétaire général donne lecture d'un télégramme ainsi conçu du docteur Drzewiecki, de Varsovie : « La mort de mon père m'empêche de venir. Prière de présenter mes meilleurs compliments à tous les congressistes. Je souhaite succès à vos travaux. » Il est prié de répondre à notre confrère en lui adressant les remerciements et les condoléances du Congrès.

LA BACTÉRIOLOGIE.

M. le docteur Dudgeon résume son travail dont la conclusion est que la bactériologie est l'ennemie de l'art de guérir.

Il objecte que la doctrine de l'origine microbienne des maladies n'est qu'une hypothèse. Il n'y a que deux maladies qui remplissent les quatre postulats posés par Koch, ce sont l'anthrax et la tuberculose. Les maladies microbiques sont certainement peu nombreuses. Toutefois les homœopathes n'ont aucun préjugé contre la doctrine microbienne et Hahnemann, en 1831, a attribué la cause du choléra à un micro-organisme. Il y a des maladies microbiennes sans microbe et des microbes sans leur maladie spécifique; les microbes pathogènes sont quelquefois salutaires. Maintenant on attribue généralement les maladies aux toxines sécrétées par les microbes et cette doctrine a eu pour conséquence logique la doctrine thérapeutique des antitoxines. D'abord ces antitoxines n'ont pas été isolées et puis les résultats de leur application ont été très variables. Les injections d'antitoxine de Haffkine ont échoué dans la peste à Oporto et à Hubli; celles de l'antitoxine de Roux ont réussi à Paris et ont augmenté la mortalité à Trieste, Saint-Pétersbourg et Moscou. On peut donc en conclure que la bactériologie occupe une place disproportionnée à sa valeur dans la médecine d'aujourd'hui ; loin d'être utile à la thérapeutique, elle a nui énormément à l'art de guérir, qui doit être le but principal du médecin.

Le docteur Dittmann approuve le docteur Dudgeon. Il y a beaucoup de fantaisies et peu de faits dans la bactériologie et l'on voit souvent des spécialistes en cette science dire le contraire les uns des autres. On peut objecter aussi à la sérothérapie que la doctrine des toxines est ténébreuse et que les résultats pratiques en sont variables.

Le docteur P. Jousset déclare que, si les résultats du sérum antidiphtéritique n'ont pas été partout les mêmes, cela tient à ce que l'on s'est servi, dans certaines villes, de sérum de mauvaise qualité ou à ce qu'on l'a employé mal à propos. On ne peut pas dire qu'il n'est pas prouvé que la culture pure de tuberculose puisse produire la maladie dans un animal sain. C'est au contraire prouvé d'une façon éclatante. Qu'on lui donne autant de cobayes qu'on voudra, il se fait fort de les rendre tous tuberculeux par l'inoculation d'une culture pure de tuberculose.

L'OPOTHÉRAPIE.

M. le docteur Marc Jousset résume son travail sur l'opothérapie pour montrer qu'entre les mains des homœopathes elle donnera plus qu'entre celles des allopathes, qui se contentent de l'employer pour suppléer un organe atrophié, malade ou manquant, tandis que notre École l'emploie, en outre, pour combattre une maladie ou des symptômes produits par un extrait organique chez l'homme sain.

M. le docteur Nebel remarque qu'Héring et Lutz ont fait des travaux sur l'isopathie et l'opothérapie. Héring conseillait d'employer non seulement les produits morbides, mais aussi les organes eux-mêmes et même les sels qui composent le corps. Ceci a été repris par Schüssler qui en a fait la base de son traitement. Il ne faut pas non plus combattre la bactériologie, que nous avons étudiée avant les allopathes, et il faut étudier les toxines au point de vue de leurs symptômes chez l'homme sain. On peut aussi démontrer plus facilement l'action des dilutions élevées avec les toxines qu'avec les médicaments homœopathiques. Dans une cinquantaine d'années, on parlera beaucoup plus des toxines; aussi devons-nous en faire des pathogénésies et collaborer avec les bactériologistes.

Le docteur Clarke croit que l'organothérapie peut faire beaucoup de bien. On peut l'employer physiologiquement et homœopathiquement. Depuis sa pathogénésie de la thyroïdine il a employé ce principe à toutes doses et il trouve difficile de différencier la dose physiologique de la dose homœopathique. Il lui a paru que l'on obtenait surtout de bons résultats avec la trentième dilution.

Le docteur van den Heuvel émet une idée neuve. Selon lui, nous, homœopathes, pas plus que les bactériologistes, ne ferons de progrès, tant que nous persisterons dans le mode de faire, d'un côté, des pathogénésies; de l'autre, des cultures de bouillons ou des atténuations de bacilles. — Il faut étudier la nature chimique, et, celle-ci définie, nous pouvons espérer de tirer de la bactériologie des fruits et de conclure à la relation homœopathique ou antipathique des deux méthodes.

Le docteur Léon Simon trouve que la différence des résultats de la sérothérapie suivant les localités bat fortement en brèche le traitement par les sérums. On a beaucoup trop surfait le rôle des microbes et de leurs produits.

Il n'a qu'une remarque à faire sur le mémoire du docteur M. Jousset. L'opothérapie peut jouer deux rôles : 1° suppléer à un organe manquant, atrophié ou malade; 2° combattre une maladie ou un symptôme par l'extrait organique produisant sur l'homme sain une maladie ou un symptôme semblable. Dans le premier cas on ne peut pas affirmer que l'opothérapie agisse homœopathiquement; c'est une action d'un ordre particulier, qui se rapproche de l'isopathie. Du reste l'efficacité de la médication opothérapique est loin d'être constante et notre confrère a, de son propre aveu, éprouvé des échecs avec des extraits de foie et de pancréas. La question demande donc de nouvelles études, et le moyen le plus sûr d'arriver à une solution est d'expérimenter les extraits organiques sur l'homme sain.

JEUDI 19 JUILLET 1900.

Présidence du Dr DE BRASOL, vice-président.

La séance est ouverte à 4 heures.

ACTION DES MÉDICAMENTS.

Deux mémoires ont été présentés, l'un par le docteur Gatchell, et l'autre par le docteur Eldridge Price.

Suivant le docteur Gatchell les molécules du médicament sont un assemblage d'atomes ou *ions*; il y a deux sortes d'ions : les *cations*, qui sont chargés d'électricité positive et les *anions*, qui sont chargés d'électricité négative. La dilution a pour effet de dissocier les ions des molécules, de sorte qu'un médicament dilué se compose, non pas des molécules de la substance, mais des ions mis en liberté.

Il s'ensuit que les substances médicinales, à l'état naturel, agissent par leurs molécules, les substances diluées agissent par leurs ions. L'effet des molécules est d'atténuer les fonctions et d'enrayer la nutrition : c'est l'action primitive; celui des ions est de stimuler la fonction et de favoriser la nutrition : c'est l'action secondaire.

M. le docteur Gatchell appuie sur ces données une interprétation nouvelle de la théorie d'Hahnemann sur la dynamisation. Il est vrai que les médicaments dilués possèdent une puissance dont ils étaient dépourvus à l'état naturel. C'est un effet de la dissociation électrolytique des ions de leurs molécules. La force qu'ils ont nouvellement acquise est l'énergie électrique dont tout ion est doué.

M. le docteur Eldridge Price a émis aussi des vues très originales sur les actions primitive et secondaire des médicaments. A son avis, dans l'action des médicaments on ne tient pas compte suffisamment du sujet. Quand une substance est introduite dans l'organisme, il l'élabore, il se l'assimile si elle est assimilable, il se détériore si elle ne l'est pas. Ainsi après l'ingestion d'un médicament il n'y a qu'une force qui travaille, c'est le principe vivifiant de l'organisme, et c'est lui qui produit les symptômes attribués à tort à l'action directe de la drogue.

Les accidents primitifs sont des manifestations actives de l'organisme, les accidents secondaires des manifestations passives. Les symptômes primitifs sont les seuls dont on doive tenir compte pour le choix du médicament.

Enfin le docteur Eldridge Price propose qu'un codex de posologie pathogénétique soit adopté par tous les expérimentateurs.

Le docteur Léon Simon fait remarquer que le docteur Eldridge Price a prévu lui-même qu'on pourrait lui faire cette objection : s'il n'existe aucune force médicamenteuse, pourquoi l'organisme humain ne produit-il pas les mêmes symptômes à la suite de l'administration de n'importe quelle drogue? Dans sa réponse l'auteur se contredit un peu : chaque drogue, dit-il, est une individualité et, à cause des caractéristiques qui la rendent individuelle, elle fait que l'organisme est modifié en conséquence. Il serait plus juste de dire que l'action médicamenteuse est une résultante de l'individualité de la drogue et de la réaction de l'organisme.

Quant à l'adoption d'un codex de posologie pathogénétique, elle n'est pas nécessaire. Il vaut mieux au contraire expérimenter des doses très diverses d'un même médicament et noter la différence des effets produits; c'est le seul moyen de résoudre le problème de la posologie. Tant que nous nous contenterons d'envisager les phénomènes primitifs et secondaires et d'étudier l'action des doses *ab usu in morbis*, nous piétinerons sur place sans jamais avancer.

Le docteur R. Hughes fait une simple remarque : à son avis les théories des deux auteurs se détruisent mutuellement.

LA « CYCLOPÆDIA OF DRUG PATHOGENESY ».

Dans un mémoire écrit sur ce sujet, le docteur Kraft déclare qu'après avoir été peu partisan de cette œuvre pendant plusieurs années, il est arrivé à reconnaître qu'elle rend de grands services.

Les auteurs ont eu le mérite d'éliminer tous les symptômes qui ne se trouvaient pas consignés dans les relations des expérimentateurs. Cela a débarrassé notre matière médicale d'un bon nombre d'indications inexactes qui pouvaient être l'origine d'insuccès dans la pratique. Tout professeur de matière médicale devrait posséder ce livre, afin d'arriver à un enseignement heureux de sa spécialité. Le praticien doit aussi le posséder, car il n'y trouvera que des renseignements basés sur la réalité des faits.

Le docteur Clarke a reconnu dès le premier jour que la *Cyclopædia* était une œuvre excellente. Elle a des limites un peu artificielles, qui lui ont fait rejeter plusieurs expérimentations importantes, entre autres celles faites sur Caspar Hauser. Chez ce sujet très sensible, l'olfaction de médicaments homœopathiques à la trentième dilution produisait des effets violents, prolongés et caractéristiques. Mais, ces limites étant admises, l'œuvre a une grande valeur intrinsèque. Il ne partage pas l'antipathie du docteur Hughes contre la forme schématique de notre matière médicale. A son avis, cette forme est nécessaire pour la pratique. Il vient de publier le tome I de son *Dictionnaire pratique de matière médicale*, où il a disposé schématiquement les symptômes de la Duboisine, tels qu'il les a trouvés dans les notes quotidiennes enregistrées par la *Cyclopædia*, et il demande qu'on compare les deux au point de vue de l'utilité pratique.

Le docteur Van den Heuvel reproche à toutes les matières médicales homœopathiques d'être des amas de symptômes beaucoup trop nombreux. Il n'a pas une mémoire suffisante pour se mettre dans la tête les 2,500 symptômes de la bryone. Il faudrait exposer la matière médicale de façon à présenter un tableau, une image de l'action du médicament. Alors, on graverait mieux l'action du remède dans la mémoire des élèves, qu'on attirerait ainsi à l'homœopathie en leur rendant l'étude de notre matière médicale plus facile et plus agréable.

Le docteur P. Jousset a publié une matière médicale expérimentale, dans laquelle il a voulu faire de chaque médicament un tableau clair et facile à retenir. Quant à l'enseignement de l'homœopathie, il ne se fait d'une façon pratique qu'à l'hôpital.

Le docteur Fisher déclare que dans la matière médicale il existe surtout des faits, des faits utiles qu'il faut constater et établir, ce qui est plus important que d'essayer de les expliquer et de faire des théories à leur sujet.

Le docteur Hughes considère comme une vraie calamité le groupement des symptômes sous la forme schématique, et c'est pour y remédier qu'on a entrepris la *Cyclopædia*.

Après une discussion accessoire sur ce qu'on doit considérer comme doses fortes et doses faibles en homœopathie, discussion à laquelle ont pris part les docteurs von Dittmann, Léon Simon, Arnulphy, M. Clelland, le docteur de Brasol propose au Congrès de témoigner au docteur Hughes sa profonde gratitude pour le service qu'il a rendu à l'école homœopathique.

La proposition est votée avec acclamations.

DISCUSSION SUR LA PHARMACOLOGIE.

Nouveau mode de préparation des alcoolatures pharmaceutiques, par M. Écalle.

Toute bonne alcoolature doit remplir les deux conditions suivantes : 1° Être complète, c'est-à-dire contenir tous les principes actifs de la plante; 2° être toujours semblable. Les alcoolatures préparées jusqu'à ce jour n'ont rempli ni l'une ni l'autre de ces conditions. Pour les remplir, M. Ecalle a adopté un procédé nouveau. Pour exposer ce procédé, il a choisi l'aconit comme exemple : 1° il prend la plante entière (fleurs, feuilles, tiges et racines), la hache menue et la presse dans un mortier. Il mélange le suc ainsi exprimé avec parties égales en poids d'alcool à 90 degrés. On obtient ainsi la liqueur n° 1, qu'on conserve à part.

On fait ensuite macérer pendant dix jours le marc de cette liqueur dans son poids d'alcool à 90 degrés; on exprime à nouveau et l'on obtient la liqueur n° 2. On réunit les deux liqueurs, on laisse déposer le temps nécessaire et l'on filtre après décantation.

M. Ecalle propose également un mode plus parfait de dosage des alcaloïdes. Ce procédé lui a révélé des différences considérables de quantité d'aconitine dans divers échantillons d'alcoolature préparés d'après le codex. Les quantités variaient de 3 à 35 centigrammes par litre.

Nécessité d'une pharmacopée homœopathique internationale, par M. Car-michael.

L'auteur, dans une étude comparative des pharmacopées d'Angleterre, d'Allemagne et des États-Unis, signale des différences assez notables dans la préparation et le dosage des teintures-mères. Nous ne sommes pas non plus d'accord sur la valeur des triturations. La matière n'est plus considérée comme indéfiniment divisible. Quelques substances insolubles, triturées à la troisième ou quatrième décimale, ne produiront pas des parcelles plus fines que 1/3000 de millimètre et aucune trituration suivante ne pourrait les réduire davantage. Il résulte de ces faits un regrettable manque d'uniformité dans nos formules.

L'auteur propose de remédier à ce défaut en nommant un comité chargé d'élaborer une pharmacopée homœopathique internationale.

Le docteur Gisevius tient du docteur Deventer, mort à Berlin il y a quelques années, un nouveau mode de préparation des teintures. Il traite les végétaux par l'alcool et par l'éther, qui dissout de très importantes huiles essentielles, insolubles dans l'alcool; de plus, il ajoute les semences aux plantes recueillies pendant la floraison.

Le docteur van den Heuvel pense qu'il y a lieu, pour faire nos teintures, de cueillir les plantes au moment même de la floraison, et non un peu avant. De cette façon, on se sert d'une plante véritablement vivante et l'on obtient une teinture plus active.

Le docteur Nebel dit qu'on peut faire deux objections au procédé Deventer-Gisevius : 1° dans les basses dilutions l'action de l'éther peut causer une impression fâcheuse sur des individus sensibles; 2° on introduit dans ces préparations des substances nouvelles qui n'ont pas été expérimentées sur l'homme sain. La première n'a de valeur que pour les partisans des teintures-mères; Hahnemann lui-même ne s'arrêterait probablement pas à la seconde, car il s'est toujours efforcé d'extraire tous les principes actifs des corps qu'il étudiait.

La question capitale pour nous est celle-ci : Est-ce que l'action médicamenteuse des teintures préparées à la manière de Deventer-Gisevius est plus prompte et plus sûre? Deventer lui-même l'a prouvé par ses cures nombreuses.

Les médicaments sont les outils du médecin : il doit profiter de tous les perfectionnements qu'on y apporte, le meilleur outil fait le meilleur travail pourvu qu'on en sache user.

M. Ecalle répond au docteur van den Heuvel qu'il est démontré qu'il n'est pas nécessaire que la plante soit en pleine floraison, sauf pour quelques-unes;

il est démontré, au contraire, que c'est avant la floraison que la plante est le plus active.

Il répond au docteur Gisevius qu'on a toujours voulu, en homœopathie, se servir de véhicule sans action sur un homme sain, et que l'éther, ayant des propriétés spéciales, ne peut être adopté pour nos préparations.

Examinant ensuite le travail de M. Carmichael, il se déclare, comme lui, partisan de la création d'une pharmacopée internationale, mais il prévoit de grandes difficultés d'exécution.

Il regrette d'être en complète contradiction avec M. Carmichael : 1° sur le point de départ des teintures-mères; 2° sur la préparation par voie liquide des substances insolubles. Celui-ci voudrait que toutes nos teintures-mères représentassent un dixième de la substance sèche. C'est impossible parce qu'un grand nombre de plantes, comme les renonculacées, perdent par la dessiccation la plus grande partie de leurs propriétés. C'est pourquoi M. Ecalle a adopté, dans la nouvelle pharmacopée française, la proportion d'un vingtième.

Quant à la préparation par voie liquide des substances insolubles, il objecte ceci : A la quatrième dilution et ultérieurement l'action des médicaments homœopathiques s'appuie exclusivement sur l'expérience clinique; le pharmacien, dans ses préparations, ne doit nullement chercher à faire œuvre de science, mais œuvre de conscience. C'est au médecin qu'il appartient de juger de cette action; le pharmacien n'a pas de contrôle à exercer sur celui-ci.

Le docteur Léon Simon croit que le meilleur moyen de réaliser l'entreprise proposée par M. Carmichael serait la convocation d'un Congrès international des pharmaciens homœopathes.

VENDREDI 20 JUILLET 1900.

SÉANCE DU MATIN.

Présidence du Dr DANIEL, vice-président.

La séance est ouverte à 10 heures.

M. le docteur Encausse demande la parole pour signaler un sérum dérivé de la corne, qui agit bien, dit-il, dans la syphilis et qui a été étudié d'abord par les médecins lyonnais.

M. le docteur Arnulphy résume le mémoire du docteur Bailey sur la *Refonte générale de la matière médicale*, mémoire que l'on n'a pu discuter à la séance précédente. L'auteur déplore le *statu quo* dans lequel se complaît la majorité des médecins homœopathes et dit qu'il faut faire un effort pour mettre notre méthode thérapeutique en rapport avec les tendances de la science moderne. Il fait un plaidoyer éloquent en faveur d'une revision générale de notre matière médicale à l'aide de tous les moyens d'observation et d'analyse en cours aujourd'hui dans les laboratoires et portant sur l'état des tissus, des humeurs et des excrétions avant, pendant et après l'expérimentation pure de nos agents thérapeutiques. Dans ce but, le docteur Bailey se propose de grouper une association de mille médecins qui s'engageraient à payer une cotisation de 10 francs chacun, pendant cinq ans, afin de rassembler les fonds nécessaires aux frais d'expérimentation.

Sur la proposition du docteur Arnulphy, le Congrès vote des remerciements au docteur Bailey, pour son initiative.

DISCUSSION SUR LE DIABÈTE SUCRÉ.

Monographie de cette maladie, par le docteur SARAT CHANDRA GHOSH.

L'auteur attribue le diabète à deux causes principales : 1° l'abus et plus encore l'accomplissement prématuré des fonctions génitales. Or, on sait que les Indiens, surtout les Indiennes, sont souvent mariés bien avant l'adolescence; 2° le surmenage intellectuel, qui est très fréquent chez les étudiants de race indienne : ils s'assimilent avec beaucoup d'ardeur les sciences européennes et il s'ensuit qu'ils travaillent beaucoup de l'esprit et pas du tout du corps. Notre confrère recommande, avec observations à l'appui, un médicament auquel les homœopathes français n'ont pas souvent recours dans cette maladie, c'est le *Secale cornutum*.

M. le docteur JOUSSET père reconnaît que nous employons peu le *Secale cornutum* pour le diabète, mais l'auteur conseille aussi de grandes quantités de lait caillé, six ou sept litres dans les vingt-quatre heures, et il semble difficile de le faire accepter aux malades.

On peut diviser le diabète en diabète chez les jeunes gens et en diabète chez les vieillards, le premier presque toujours rapidement mortel, le second compatible avec une survie beaucoup plus longue. On guérit assez bien le diabète récent; mais, lorsqu'il est vieux, la guérison devient beaucoup moins fréquente. L'organothérapie avec le foie et le pancréas a donné des résultats encourageants. Comme médicaments homœopathiques, il faut prescrire *Acid. phos.*, *Ars.* et *Uranium nitr.*, que l'on donne alternés, huit jours de chacun.

M. le docteur ARNULPHY dit que les médicaments ne sont pas tout dans le diabète, et il faut surtout faire de l'hygiène et surveiller le régime de ses malades. Chacun classifie le diabète à sa façon, mais on peut dire que les diabétiques sont : les uns de gros mangeurs, les autres de petits mangeurs. Chez les gros mangeurs, les symptômes se rapportent plutôt à l'auto-intoxication alimentaire; aussi faut-il leur supprimer la viande et les mettre au régime végétarien avec du lait et des œufs.

M. le docteur DUDGEON divise le diabète en diabète aigu et en diabète chronique. Il a souvent guéri avec le *Syzygium jambolanum*, qui convient aux cas aigus. Quant au diabète chronique, son traitement ne donne pas beaucoup de satisfaction, et il assombrit beaucoup le pronostic des affections aiguës qui surviennent.

M. le docteur CARTIER : Dans les cas de diabète avec lésions du foie et des reins, l'azotate d'urane est recommandé; toutefois, il n'a que peu d'action sur la glycosurie. Il semble agir surtout sur l'hépatite, et l'on voit parfois le sucre persister dans les urines, bien que le foie diminue de volume. Dans les expériences sur les animaux avec le nitrate d'urane on voit se former dans les cellules hépatiques des boules hyalines qui indiquent la mort de ces cellules ; du côté des reins, il y a une néphrite intense. Cependant, le nitrate d'urane n'agit guère dans les cas de néphrite. On l'a essayé aussi dans l'arthritisme, et, d'après Allen, il agit très bien dans les coliques hépatiques.

L'ACTION DE NAJA ET CRATÆGUS DANS LES MALADIES DU COEUR.

M. le docteur ARNULPHY, dans le travail présenté au Congrès sur ce sujet, résume les observations recueillies dans son service à l'hôpital Hahnemann, de Chicago, de 1886 à 1898.

Il y a soigné beaucoup d'affections cardiaques, et c'est de *Naja tripudians* qu'il a obtenu les meilleurs effets. Ce médicament agit surtout dans les lésions mitrales et sur les enfants. Sur 148 malades âgés de 5 à 12 ans, il a obtenu une amélioration très marquée dans 140 cas et une guérison presque complète dans 38 cas.

Naja est aussi très efficace dans l'endocardite aiguë. Il l'est moins dans les affections aortiques ; en pareil cas, l'acide oxalique fait le plus grand bien ; il a souvent calmé les douleurs précordiales avec irradiations dans l'épaule gauche, qui accompagnent si souvent l'insuffisance aortique.

Cratægus oxyacantha a de grandes analogies avec *Naja* ; cependant il n'a pas d'influence sur l'endocarde ; c'est dans les myocardites qu'il est le plus efficace. Qu'elles soient d'origine grippale, typhique ou diphtérique, il en est un des meilleurs remèdes.

L'auteur ajoute que le régime a une grande importance, et il considère l'alimentation végétale, avec addition de lait et d'œufs, comme absolument nécessaire. La viande et le vin sont très nuisibles aux cardiaques.

M. le docteur DUDGEON s'élève contre l'abus de la viande en général, mais dit que dans certaines maladies de cœur il ne faut pas la proscrire complètement. Dans les pays septentrionaux il ne pousse guère de végétaux ; on est donc bien obligé de prendre une nourriture animale.

M. le docteur JOUSSET père voit bien que, d'après l'exposé du docteur Arnulphy, *Cratægus* est le médicament de la myocardite et qu'il convient lorsque la digitale n'agit plus pour tonifier ce qui reste du muscle cardiaque, mais pour *Naja*, que l'auteur dit convenir à toutes les périodes des affections cardiaques, quelles sont ses indications ?

M. le docteur ARNULPHY : *Naja* est utile jusqu'à la période d'asystolie.

M. le docteur JOUSSET ajoute qu'au point de vue du régime, il y a des cardiaques qui veulent de la viande et en ont besoin ; quand les reins sont intacts on peut la permettre, mais lorsqu'il y a insuffisance rénale, il faut l'interdire.

Il profite de cette occasion pour demander à nos confrères d'Amérique de nous envoyer des premières triturations des venins de serpents. Celles que nous possédons en France sont inertes parce qu'elles sont trop vieilles. Quant aux dilutions que nous possédons, elles agissent bien. Il a employé le venin de vipère dilué et en injection sous-cutanée dans les cas où l'on emploie *Naja* et *Lachesis* avec le même bon résultat. Il a essayé aussi le sérum d'anguille après l'avoir expérimenté sur les animaux et a constaté qu'il agit d'une façon analogue au venin de la vipère.

M. le docteur JOHNSTONE : La majorité des cas cités par le docteur Arnulphy sont évidemment des cas de myocardite aiguë, maladie probablement due à une infection microbienne de l'endocarde, particulièrement des valvules. Ils sont donc de nature toxique et cela donne la raison des bons effets de *Naja*. Depuis longtemps, en Angleterre, on emploie avec succès ce venin et ceux d'autres serpents contre les maladies infectieuses. Tout dernièrement, on a eu une nouvelle preuve de l'efficacité de *Naja* dans les maladies microbiennes; il s'agit de la peste bubonique, qui est bien d'origine microbienne et de nature toxique.

La mortalité moyenne, par le traitement allopathique, était de 80 p. 100. Le docteur Deane, par l'usage homœopathique de *Naja* en potion, a réduit la mortalité à 50 ou 60 p. 100. Puis, ayant observé que la faculté d'absorption des organes digestifs est beaucoup diminuée ou même abolie dans les cas graves, il a employé les basses dilutions de *Naja* en injections sous-cutanées, et la proportion des décès est tombée à 30 p. 100.

EMPLOI DE CALCAREA CARBONICA 200°
DANS LA COLIQUE NÉPHRÉTIQUE.

Le docteur SAND MILLS a présenté cinq observations à l'appui de ce traitement.

Le docteur JOUSSET objecte que le diagnostic des cas rapportés dans ce travail n'est pas toujours rigoureusement établi. Et puis on ne peut pas affirmer que la guérison ait toujours été due au remède, car la colique néphrétique cesse souvent très brusquement.

Le docteur Léon SIMON répond que deux choses plaident en faveur de l'action de *Calcarea* :

1° Plusieurs des malades observés eurent des accès successifs qui cessèrent chaque fois après l'ingestion du médicament;

2° Les autres n'eurent plus de récidives après avoir pris *Calcarea*, tandis qu'ils avaient eu des accès assez fréquents avant d'employer ce remède.

ACTION DES MÉDICAMENTS HOMŒOPATHIQUES
DANS LES MALADIES ORGANIQUES DU SYSTÈME NERVEUX.

Le docteur VILLARD CARPENTER, de Columbus (États-Unis), dans son mémoire sur ce sujet, passe en revue les indications des médicaments les plus efficaces contre les principales maladies organiques du système nerveux. Ce sont les suivants :

Ataxie locomotrice : *Argentum nitricum*, *Alumina*, *Silicea*, *Secale*, *Plumbum*, *Picricum acidum*, *Pulsatilla*, *Belladonna*, *Strontium carb.*, etc.

Paralysies : *Rhus tox.*, *Causticum*, *Gelsemium*, *Plumbum*, *Aconitum*.

Épilepsie : *Nux vom.*, *OEnanthe*, *Kali bromatum*, *Calcarea carb.*, *Sulfur*, *Silicea*, *Hydrocyan. acidum*, *Cicuta*.

Méningites : *Bellad.*, *Aconit.*, *Veratrum viride*, *Bryon.*, *Apis*, *Hellebor.*, *Iodoforme*, *Zincum metallic.*, *Tuberculinum*.

Névrites : *Hypericum*, *Cimicifugá*, *Æsculus*, *Plumb.*, *Phosphor.*, *Argent. nitric.*, *Bellis perennis*, *Lathyrus sativ.*

Sclérose en plaques : *Aurum met.*, *Argent. nitric.*, *Plumb.*, *Mercur.*

Crampe des écrivains : *Gelsemium*, *Ruta*, *Selenium*, *Picric. acid.*, *Zinc*.

Le docteur van den Heuvel prend la parole pour recommander *Bryon.* et *Bellad.* dans les apoplexies récentes ou anciennes.

VENDREDI 20 JUILLET 1900.
SÉANCE DE L'APRÈS-MIDI.

Présidence du Dr P. JOUSSET.

DISCUSSION
SUR L'HOMŒOPATHIE DANS LES MALADIES DES YEUX.

L'homœopathie dans les maladies des yeux, par le professeur Norton, de Chicago.

L'auteur professe que presque toute notre connaissance actuelle de l'action des médicaments homœopathiques a été obtenue par l'expérience clinique. La majorité des symptômes oculaires de notre matière médicale sont des phénomènes subjectifs et cependant il n'est aucune partie du corps humain où l'action d'un médicament puisse être suivie avec autant de certitude que dans l'œil, au cours d'une expérience. Aussi l'auteur a-t-il insisté, dans un des congrès précédents, sur l'utilité de soumettre à l'avenir toute expérimentation de médicament au contrôle d'un ophtalmologiste. Cela permettrait d'enrichir notre matière médicale de phénomènes objectifs, qui viendraient corroborer les phénomènes subjectifs si nombreux qu'on a recueillis depuis Hahnemann.

L'auteur cite ensuite quelques exemples à l'appui de sa thèse et recommande *Rhus tox.* dans l'inflammation du tissu cellulaire et du périoste de l'orbite ; *Hepar* dans l'hypopyon et les ulcères de la cornée ; *Mercurius* dans l'iritis ; *Bryon.* et *Gelsemium* dans la forme séreuse de la choroïdite et dans le glaucome ; *Rhus tox.* dans la choroïdite suppurative ; *Bellad.* et *Dubosia* dans la rétinite; *Nux vom.* pour arrêter l'atrophie du nerf optique, *Causticum* et *Iodoforme* pour enrayer la cataracte.

Des troubles circulatoires de l'œil avec altérations de la tension intra-oculaire, par le docteur Parenteau, de Paris.

Après avoir examiné les phénomènes auxquels on reconnaît l'hypertension et l'hypotension du globe oculaire, l'auteur énumère les maladies dans lesquelles on rencontre le plus souvent ces deux phénomènes. Il indique ensuite les médicaments qu'il emploie de préférence.

1° Contre l'hypertension : *Atropin. sulfur.*, *Cocaïne*, *Glonoin*, *Bellad.*, *Aurum*, *Caustic.*, *Chelidon.*, *Magnesia carb.*, *Nux vom.*, *Phosphor.*, *Spigelia*;

2° Contre l'hypotension : *Eserine*, *Natrum muriat.*, *Apium virus*, *Ranunculus bulb.*

Grâce à ces ressources, il est rarement nécessaire de recourir au traitement chirurgical, surtout à l'iridectomie, dont nos confrères allopathes font un si grand abus. La paracentèse ou la sclérotomie suffit presque toujours.

L'auteur termine par deux observations personnelles d'irido-choroïdite et d'irido-cyclite, guéries par le traitement interne seul.

Le docteur Léon Simon ajoute *Glonoin* aux médicaments cités par le docteur Norton. Ce remède, à la sixième dilution, a été administré avec succès par le docteur Parenteau dans le décollement de la rétine.

DERNIER DÉVELOPPEMENT DE L'IDÉE HOSPITALIÈRE DANS LE TRAITEMENT DES ALIÉNÉS.

Le docteur Selden Talcott, dans un travail sur cette question, étudie les principes sur lesquels doivent reposer l'installation et le fonctionnement des asiles d'aliénés. Il étudie successivement : 1° la construction et l'administration de l'hôpital; 2° le service d'admission; 3° l'éducation des médecins et des gardes-malades; 4° l'hygiène morale; 5° le traitement médical; 6° le traitement par le repos. Il est partisan déclaré des procédés doux et humains que tous les aliénistes emploient de nos jours. Dans le traitement interne il condamne avec raison les fortes doses de stupéfiants dont nos confrères allopathes ont tant abusé et il conclut ainsi : « Médication douce, traitement par la douceur marchent ensemble. Drogues brutales, coups brutaux marchaient de pair dans le passé; ni les uns ni les autres ne peuvent désormais avoir leur place dans le traitement moderne hospitalier des aliénés. »

Le docteur Jousset père dit, comme l'auteur, qu'il ne faut pas avoir de brutes auprès des aliénés, mais de bons infirmiers. Il regrette de voir que le docteur Talcott ne parle pas de médicaments dans le traitement de l'aliénation. Il demande avec raison de garder les aliénés au lit, ce qui doit être un bon moyen de les calmer, mais il omet de dire que le moyen le plus puissant de les ramener à la raison est de les isoler du monde qu'ils connaissent. La folie est une maladie comme une autre et qu'il faut étudier comme les autres si on veut la traiter convenablement. Jusqu'à présent les aliénistes ont trop étudié les maladies mentales en philosophes, en psychologues, et pas assez en cliniciens.

CHIRURGIE DU CERVEAU.

Le docteur Biggar, de Cleveland (États-Unis), a écrit un travail qui est le résumé des connaissances actuelles sur les localisations cérébrales.

M. le Secrétaire général lit le résumé du travail du docteur Biggar et fait passer sous les yeux des assistants six planches apportées par le D⁏ Kraft et destinées à faciliter l'intelligence du texte. Ces dessins sont très soignés et montrent au premier coup d'œil les localisations des principales fonctions du cerveau. Les membres du Congrès ont examiné ces planches avec grand intérêt, mais, personne n'ayant demandé la parole, il n'y a pas eu de discussion.

PROLAPSUS DU RECTUM.

Le travail du docteur Spalding, de Boston, sur cet accident, peut être résumé ainsi :

Il y a trois formes de procidence du rectum.

La première partielle : sortie de la muqueuse et du tissu sous-muqueux.

La deuxième complète : la procidence comprend la totalité des parois du rectum, et, d'ordinaire, constitue une poche herniaire.

La troisième, intussusception qui peut sortir ou ne pas sortir de l'anus, suivant son origine dans le bassin.

Causes : constipation, recto-colite, hémorroïdes, polypes, tumeurs pelviennes, déplacements utérins, calculs vésicaux, dilatation de la prostate, phimosis et tout ce qui provoque des efforts de défécation.

Quelquefois il n'y a pas de cause apparente. Les causes prédisposantes sont la conformation anatomique du bassin et la présence d'un mésentère rectal.

Traitement : en tous cas commencer par supprimer la cause. Dans le prolapsus *partiel*, thermocautère, électrolyse ou excision de la muqueuse et du tissu sous-muqueux.

Prolapsus *complet* : s'il est irréductible ou ulcéré, amputation. Dans les cas légers, cautérisation avec le thermocautère; cas extrêmes, fixation ventrale et cautérisation.

Intussusception : fixation ventrale.

Le docteur P. Jousset proteste contre le traitement de l'auteur, qui ne connaît que l'opération. Il cite les médicaments sur lesquels on peut compter et recommande surtout *Nux vomica*.

DIAGNOSTIC PRÉCOCE
ET TRAITEMENT DE L'OBSTRUCTION INTESTINALE SUCCÉDANT AUX OPÉRATIONS ABDOMINALES.

Le docteur Homère Ostrom, de New-York, auteur d'un travail sur ce sujet, dit que le maintien de l'activité des fonctions intestinales est nécessaire au succès de l'opération. La laparotomie est toujours suivie d'une période de repos des organes abdominaux, qu'il faut respecter. Mais cette période peut se prolonger et devenir une grosse menace pour la vie du sujet. Il faut donc reconnaître de bonne heure les premiers indices d'obstruction intestinale. Le premier et le plus constant est une douleur épigastrique persistante, survenant vingt-quatre ou trente-six heures après l'opération. Elle ressemble à celle de l'appendicite, d'autant plus que l'obstruction siège, en général, dans la région iléo-cœcale.

Les autres signes importants sont : l'éréthisme nerveux, hors de proportion avec l'état en apparence très satisfaisant du malade, la sécheresse et la rougeur de la langue.

Il y a une variété d'obstruction intestinale généralement consécutive à une péritonite septique générale, dans laquelle il n'y a pas de douleurs, mais une distension progressive du ventre avec un pouls rapide et irrégulier et une température inférieure à la normale ou changeant rapidement.

On peut faire beaucoup avant l'opération pour prévenir l'obstruction intestinale. Il faut produire l'évacuation complète des intestins, rendre le canal aseptique et le débarrasser des germes de fermentation en donnant du carbonate de gaïacol pendant quelques jours avant l'opération.

Pendant l'opération, il ne faut toucher à l'intestin que le moins possible, laver le ventre avec la solution salée et en laisser dans la cavité abdominale autant qu'elle en peut contenir.

L'auteur a pour habitude d'administrer au malade du citrate de magnésie effervescent aussitôt qu'il peut en prendre après l'opération et par doses de 2 onces jusqu'à ce qu'il en ait pris 16. En outre, le lendemain matin il fait donner un lavement pour assurer la liberté du corps. Il est quelquefois nécessaire de donner du sulfate de magnésie, qui est bien supporté, même lorsque l'estomac est dérangé.

La morphine est indiquée pour assurer le sommeil et calmer les douleurs du début de l'obstruction, il suffit de 0 gr. 005.

Lorsque l'obstruction continue, la nécessité d'une intervention chirurgicale se pose d'elle-même.

Le moment d'opérer est celui où nous sommes convaincus que les cathartiques et les lavements ne font rien; ce doit être avant que le pouls ne faiblisse.

L'auteur n'est pas partisan d'une recherche prolongée du siège de l'obstruction. S'il ne se présente pas immédiatement à l'ouverture du ventre, il vaut mieux faire un anus artificiel sur la première anse intestinale que l'on rencontre et laisser à plus tard la recherche de l'obstruction dans une opération subséquente lorsque l'anus artificiel est bouché.

Le Dr P. Jousset regrette de voir le Dr Ostrom prescrire de la morphine et des purgatifs. Grâce à *Belladonna*, *Calomelas* et *Colocynthis*, on peut guérir l'obstruction intestinale sans opération. *Colocynthis* guérit les débuts de péritonite; lorsqu'il y a des douleurs très aiguës, il faut donner une, deux ou trois gouttes de teinture-mère. Pour remédier à l'obstruction, c'est *Belladonna* 1° dil. qu'il faut prescrire; elle agit sur la douleur et la constipation. Si celle-ci domine, on donnera *Calomelas* 1° trit. 0 gr. 10; on peut d'ailleurs l'alterner avec *Bellad*.

L'ordre du jour étant épuisé et l'heure de lever la séance n'étant pas encore sonnée, le Dr P. Jousset propose aux délibérations de l'assemblée la question de la *Tuberculose pulmonaire*.

M. le Dr P. JOUSSET. Le *traitement de la phtisie* contient une partie hygiénique et une partie médicamenteuse.

Le *traitement hygiénique* de la phtisie est universellement considéré comme de beaucoup le plus important et comprend trois parties : *cure d'air, repos* et *alimentation*.

1° La cure d'air consiste à coucher la fenêtre ouverte et à passer la journée au grand air.

La cure d'air est bonne partout, mais elle est préférable dans les altitudes. L'hématopoïèse y redouble d'énergie, les globules sanguins se multiplient et il en résulte une augmentation considérable des forces vitales et le résultat se continue encore fort longtemps dans la plaine.

2° Le *repos* au lit ou sur la chaise longue est indispensable chez les phtisiques fébricitants ; c'est le seul moyen de combattre et d'arrêter le mouvement fébrile, il est fort important.

3° *Alimentation*. Autrefois l'orateur prescrivait le *régime maigre* et il a été mal compris ; il dit aujourd'hui le *régime engraissant* : lait, œufs, graisse, huile, beurre, *peu de viande*, farineux, peut-être le *jus de viande crue* prescrit dernièrement par le professeur Richet.

Comme médicament, il emploie surtout, mais non exclusivement, l'*iodure d'arsenic* préconisé il y a longtemps par Martiny.

Depuis bien des années, il emploie les injections de *tuberculine de Klebs* à la dose d'un dixième de milligramme de la substance tous les huit jours, puis tous les quinze jours et, quand le malade va bien, tous les mois. Depuis plus de dix ans qu'il emploie cette préparation, *il n'a jamais eu d'accidents*.

M. le Dr ARNULPHY dit, au point de vue du jus de viande, que c'est un médicament et non un aliment. Il sert à donner un coup de fouet à l'organisme et il est bon tant que le phtisique a encore de la vitalité, mais ensuite il lui semble que le malade s'affaiblit encore plus rapidement.

M. le D^r VON DITTMANN a créé un sanatorium en Finlande, il y a douze ans. Il croit qu'il n'y a pas de bon sanatorium au bord de la mer ni en plaine. Il faut, pour qu'un endroit convienne à un sanatorium, qu'il n'y ait ni humidité du sol, ni poussière, ni vent. Pendant les quatre ans qu'il a eu ce sanatorium sous sa direction, 70 p. 100 des malades ont été remis à même de travailler. Ce sanatorium est devenu maintenant presque une petite ville et il contient 300 malades : il est situé au milieu des sapins sur un sol de sable et de granit, à une altitude de 100 mètres.

Au point de vue du traitement, celui de Martiny est bon ; mais le traitement hygiénique doit occuper le premier plan, il faut engraisser le malade. L'idée d'envoyer les phtisiques dans les pays chauds est mauvaise, c'est dans les pays froids qu'il faut les mettre.

M. le Dr LOVE dit que les allopathes ont découvert l'année dernière l'action de l'iodure d'arsenic dans le traitement de la scrofule. Pour lui, il a appliqué dès 1887 le traitement de Martiny avec un magnifique succès au traitement des affections scrofuleuses des os, notamment la coxalgie et le mal de Pott.

M. le D' van den Heuvel a soigné beaucoup de phtisiques anglais dans l'Afrique du Sud ; il croit que la chaleur convient mieux que le froid.

Comme remèdes, la phtisie étant, d'après lui, une atrophie nerveuse du poumon qui permet au tubercule de se développer, il faut d'abord donner une dose d'*Aconit*, qu'il y ait fièvre ou non, puis *Pulsatilla* pendant un certain temps, un mois par exemple. Pour fortifier la substance nerveuse on emploiera le phosphate d'ammoniaque. En cas d'abcès du poumon *Silicea* à haute dilution, *Arsenicum*, s'il y a de l'asthme ; quelquefois aussi la tuberculine, une dose tous les quinze jours.

M. le D' von Dittmann croit que, lorsque le sol est sec et bon, la question de la température est secondaire ; le régime aussi est fort important. Au point de vue du traitement, plus le malade est hypersthénique, plus il faut donner des doses élevées.

M. le D' Léon Simon. Quelques-uns de nos confrères préconisent les climats froids, d'autres les climats chauds : il est facile de les mettre d'accord, car il n'y a pas de climat qui convienne indistinctement à tous les tuberculeux. Souvent ces malades vont beaucoup mieux en hiver qu'en été et nous savons tous que les phtisiques sont fortement incommodés par les grandes chaleurs. Le littoral de la Provence est certainement favorable à la plupart des malades que nous y envoyons, mais ils sont obligés de subir une condition fâcheuse. Comme la température devient assez élevée dans le Midi dès le mois d'avril, ils reviennent à Paris à ce moment-là ; or le mois d'avril est toujours mauvais à Paris, aussi les tuberculeux y perdent rapidement ce qu'ils ont gagné dans le Midi. Le plus important pour eux est de vivre dans une température uniforme et c'est ce qu'ils trouvent dans les sanatoria. Beaucoup de malades sortent guéris de ces établissements, mais ces guérisons ne sont pas toujours définitives. Il n'est pas rare qu'on retombe au bout de quelques années.

Beaucoup de phtisiques réclament spontanément l'ouverture de leurs fenêtres la nuit, parce que cela leur procure un certain bien-être. Aussi l'orateur se propose de remplacer une vitre d'une des chambres de l'hôpital Hahnemann par une toile métallique. Cela rendra l'aération plus active sans déterminer de courant d'air dangereux.

SAMEDI 21 JUILLET.

Présidence de M. le D' DE BRASOL, vice-président.

La séance est ouverte à 4 heures.

Avant de passer à l'ordre du jour, le Président rappelle que le D' P. Jousset, retenu chez lui par une indisposition, n'a pu présider l'inauguration de la tombe d'Hahnemann, et ne pourra pas davantage assister à la séance. Il prie son fils, le Dr M. Jousset, de lui transmettre les regrets de toute l'assemblée.

PROGRÈS DE L'HOMŒOPATHIE DANS LE MONDE
DEPUIS LE DERNIER CONGRÈS.

M. le Dr Léon Simon a reçu des rapports de douze contrées différentes et leur ensemble constitue un document très satisfaisant sur la situation de notre doctrine. Ils sont unanimes sur un point : l'influence de l'homœpathie sur les idées et la pratique de nos confrères allopathes.

En Belgique, où l'on compte des hommes très remarquables parmi les disciples d'Hahnemann, les dispensaires se multiplient et sont très suivis.

En Espagne l'homœopathie a perdu du terrain à Madrid, mais elle en a gagné beaucoup à Barcelone, où se trouve une société fortement constituée, l'Académie homœopathique de Barcelone. Malheureusement le Dr Juan Sanllehy, son fondateur, vient de mourir et les hommes de sa valeur sont difficiles à remplacer.

En Suisse, d'après ce qu'a écrit le Dr Batault, de Genève, il n'y a aucun changement à signaler dans notre situation.

Partout nos confrères concentrent leurs efforts sur l'entretien et la fondation des hôpitaux. Ainsi l'Angleterre en possède dix; l'Allemagne trois et en aura bientôt un à Berlin; l'Italie en possède un à Turin, qui a été fondé grâce à l'initiative de notre président d'honneur, le Dr Bonino; la Russie en a un à Saint-Pétersbourg; en voici l'effigie, grâce à un cliché que le Dr de Brasol a eu la bonté de nous confier; c'est le Dr P. Soloview, qui est le médecin en chef et le soutien le plus actif de cet hôpital. En Danemark, on a ouvert une souscription. Enfin en France nous comptons quatre hôpitaux dont un tout récent.

Partout le nombre de nos confrères, des pharmacies, des dispensaires et des journaux a augmenté; partout les sociétés homœopathiques ont gagné en importance; ainsi l'Institut homœopathique d'Italie, reconnu par le gouvernement, compte 43 membres, les 5/6 des homœopathes du royaume, la société d'Allemagne 170 (25 de plus qu'en 1896), celle d'Angleterre 200.

Les deux pays où les progrès ont été le plus marqués sont l'Allemagne et les États-Unis.

M. le Dr Kranz Buscu, dans un rapport très étendu et très consciencieux, nous révèle que l'homœopathie est devenue très vivante dans sa patrie.

On a présenté aux chambres de Bavière et de Prusse des pétitions demandant la création de chaires d'homœopathie dans des universités allemandes. Bien entendu, le vote n'a pas été favorable, mais les ministres ont discuté la question en termes très courtois; le seul qui ait dépassé les limites de la bienséance est le professeur Wirchow. La création d'une chaire est-elle bien nécessaire? On peut en douter, car un professeur d'une faculté allopathique, le Dr Hugo Schulz, professe dans son cours la loi des semblables et les doses infinitésimales. Il se charge de nous faire des adeptes et plusieurs de ses élèves sont devenus homœopathes après avoir suivi son cours. Aussi compte-t-on aujourd'hui en Allemagne 500 disciples d'Hahnemann et ceux-ci commencent à être traités sur le même pied que leurs confrères allopathes, ainsi que le prouve le fait suivant : le ministre de l'instruction publique vient de constituer une commission chargée d'élaborer une nouvelle pharmacopée; le professeur Hugo Schulz et plusieurs médecins et pharmaciens homœopathes en font partie.

Depuis deux ans nos confrères allemands ont adopté un moyen de propagande qui leur a réussi : c'est la création, à Berlin, de cours destinés aux jeunes médecins et appelés cours de vacances; ils ont lieu en avril et en octobre; sur 50 médecins qui ont suivi ces cours 40 se sont affiliés à la Société centrale homœopathique.

Naturellement c'est aux États-Unis que la marche ascendante est le plus accentuée. Les homœopathes y sont au nombre de 9,369, dont 1,158 femmes; ils sont, relativement aux allopathes, dans la proportion de 12,51 p. 100. Les éclectiques ne sont pas compris dans cette statistique. Le Dr Peck, dans un rapport très consciencieux et fortement documenté, a fait cette remarque curieuse que les succès de l'homœopathie sont en raison directe de l'instruction de la population blanche. C'est bon à faire savoir à ceux qui prétendent que nous n'avons de succès qu'auprès des naïfs et des ignorants. L'Institut homœopathique américain compte 300 membres de plus qu'en 1895. Il y a 195 hôpitaux, possédant en tout 16,037 lits (6,573 de plus qu'en 1895). Il y a 41 hôpitaux mixtes, c'est-à-dire ayant des services homœopathiques et allopathiques. Il y a 20 collèges, qui, en 1899, ont eu 13,120 étudiants et ont reçu 418 docteurs.

Les sociétés sont très nombreuses, variées, et c'est grâce à leur forte organisation que l'homœopathie devient chaque jour de plus en plus puissante dans l'Amérique du Nord. Elles forment un réseau dont les mailles couvrent tout le territoire et retiennent les individus, afin qu'ils ne restent pas isolés. Ainsi le jeune étudiant peut s'enrôler dans une société d'élèves : il y en a dans 6 collèges et elles ont 4,711 membres. Devenu docteur, il peut, s'il a été interne à l'asile d'aliénés de Ward's Island, entrer dans la Société des anciens internes de cet établissement, qui a déjà 65 membres. Se fixe-t-il dans une ville éloignée des grands centres, il entrera dans une société locale (il y en a 116). S'il est dans une capitale il a à sa portée une des 33 sociétés d'État, qui comptent 3,933 membres. Au-dessus il y a 2 sociétés divisionnaires, groupant 4 états ou plus, 8 sociétés nationales et enfin l'Institut homœopathique américain, qui est le couronnement de l'édifice.

Si nous voulons que l'homœopathie prospère, il faut favoriser partout cet esprit de groupement et de solidarité. C'est dans les pays où nos confrères ont su s'organiser qu'elle fait le plus de progrès et elle reste stationnaire dans ceux où les individus restent isolés. Cette remarque s'adresse particulièrement à nos confrères français.

Nous péchons par défaut d'organisation : un tiers des homœopathes de Paris et les neuf dixièmes de ceux des départements ne font pas partie de la Société française d'homœopathie. Nous n'intéressons pas assez les laïques à notre œuvre et pourtant ils sont un facteur très important dans la propagation de notre doctrine.

Le D^r van der Laan donne quelques renseignements sur l'état de l'homœopathie au Brésil. Rio de Janeiro, ville de 400,000 habitants, possède 30 médecins homœopathes et plusieurs pharmacies homœopathiques. Parmi eux sont des hommes de grande valeur, entre autres le Dr Murtinho, ministre des finances, le Dr Sabina, etc. Porto-Alegre, ville de 85,000 habitants, compte 4 homœopathes. L'orateur y est fixé depuis deux ans et demi. Il a exposé les éléments de notre doctrine et la pathogénésie des quarante principaux médicaments dans un petit livre dont la 2e édition est déjà épuisée et qu'on a traduit en allemand et en italien. Il a une consultation gratuite et il est médecin de plusieurs sociétés de secours mutuels qui lui ont témoigné publiquement leur satisfaction.

Le D^r Ch. Bernay entretient le Congrès de l'hôpital Saint-Luc, hôpital homœopathique de Lyon. Par une singulière coïncidence, cet établissement et la Faculté de médecine de la ville sont contigus. Lyon est peut-être la seule ville du monde où l'on rencontre un dispensaire et un hôpital homœopathiques à la porte même de l'école officielle.

Le dispensaire fait de rapides progrès. En 1899, on y a donné 26,234 consultations. Il y en a tous les jours, le matin. On consacre l'après-midi aux diverses spécialités : maladies du nez, de la gorge, des oreilles, des yeux, de la peau, des enfants.

L'hôpital ne marche pas moins bien. En 1899, on y a soigné 238 malades.

CHOIX DU LIEU DU PROCHAIN CONGRÈS.

Après une courte discussion à laquelle prennent part les docteurs Richard Hughes, Mc Clelland, de Brasol et Léon Simon, le Congrès prend la décision suivante :

Le prochain congrès quinquennal se réunira en 1905 aux États-Unis, dans une ville et à une date que l'Institut homœopathique américain fixera en temps opportun.

PROPOSITIONS DIVERSES.

Le Dr Nebel demande à l'assemblée de fixer à l'avance des sujets d'étude pour le prochain congrès. Voici ceux qu'il propose :

1° Étude approfondie de l'isopathie au point de vue historique, théorique et pratique;

2° Étude de la tuberculose au point de vue clinique et thérapeutique;

3° Études sur la démonstration histologique des guérisons homœopathiques.

Après une courte discussion à laquelle prennent part les docteurs Cartier, Nebel et Hughes, le Congrès décide de laisser, comme par le passé, toute liberté aux auteurs pour le choix de leurs sujets.

APPEL À LA SOLIDARITÉ ET À L'INDÉPENDANCE DES HOMOEOPATHES.

Présenté par le D' SHELDON LEAVITT.

Dans un premier paragraphe l'auteur constate que les deux écoles rivales, allopathie et homœopathie, se sont rapprochées. Dans un deuxième paragraphe il déclare que nous devons plus que jamais suivre une ligne de conduite séparée et indépendante de celle des allopathes. Enfin dans le troisième il précise la nature du travail qui nous reste à faire et qui consiste à développer la loi de similitude, à préciser d'autres lois, enfin à étudier davantage l'influence du moral sur le physique pour donner plus d'importance à la thérapeutique mentale.

Personne ne demandant la parole, on passe à l'ordre du jour.

PROPOSITION D'ORGANISATION

D'UN SECRÉTARIAT INTERNATIONAL D'HOMOEOPATHIE.

Le D' Encausse développe en quelques mots les avantages que pourrait avoir cette création pour l'avancement de l'homœopathie. Personne ne demandant la parole, il n'y a pas de discussion et l'on ne donne pas suite au projet.

L'ordre du jour étant épuisé, le D' de Brasol prend la parole pour féliciter ses collègues au sujet de leur assiduité au travail pendant la présente session et prononce la clôture du Congrès.

www.ingramcontent.com/pod-product-compliance
Lightning Source LLC
Chambersburg PA
CBHW060957050426
42453CB00009B/1209